THIS CALENDAR BELONGS TO

name:

address:

phone:

JANUARY

1

2

3

4

5

6

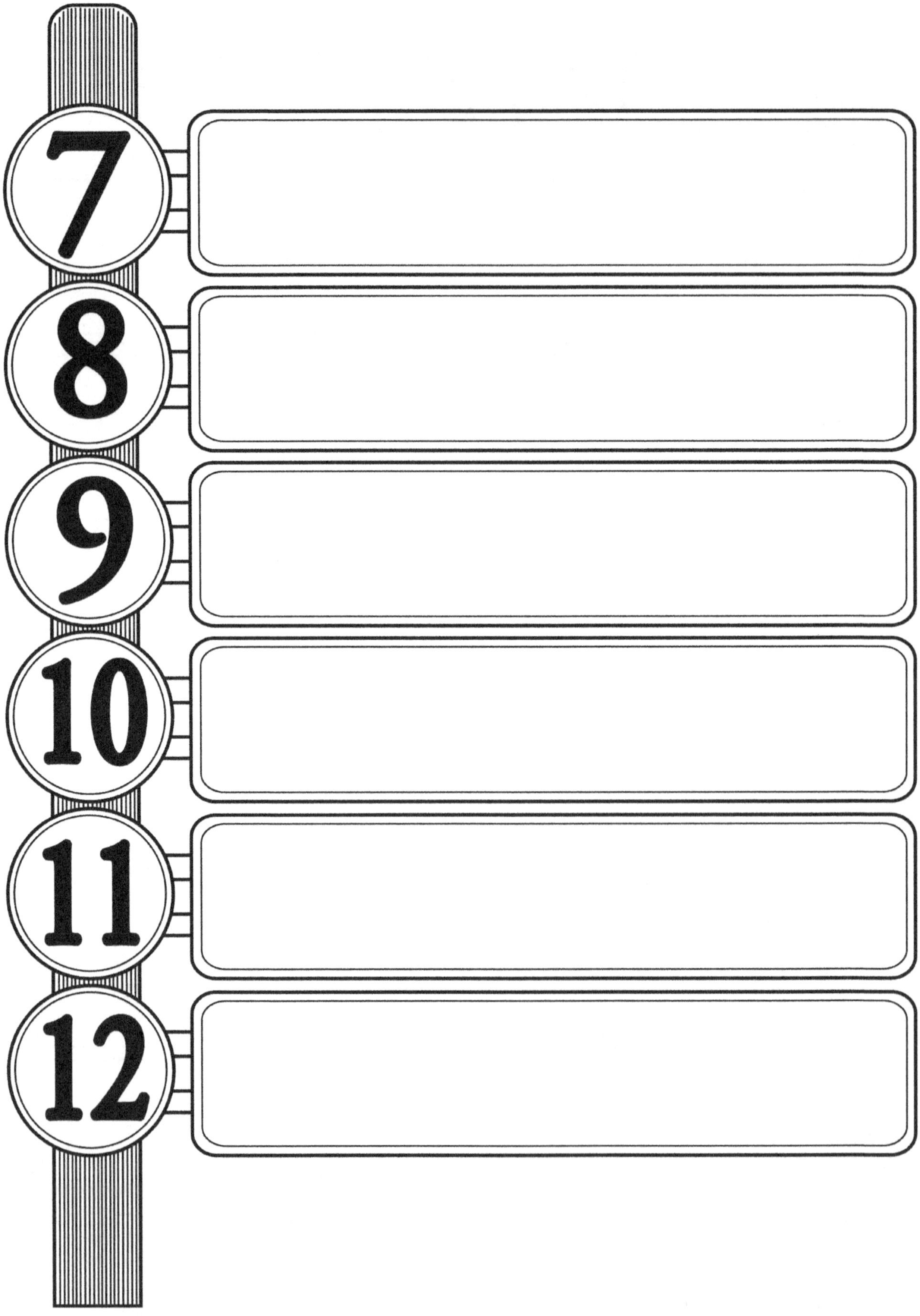
7
8
9
10
11
12

13

14

15

16

17

18

19
20
21
22
23
24

25

26

27

28

29

30

31

FEBRUARY

1

2

3

4

5

6

7

8

9

10

11

12

13

14

15

16

17

18

19

20

21

22

23

24

25
26
27
28

MARCH

1

2

3

4

5

6

7

8

9

10

11

12

13

14

15

16

17

18

19

20

21

22

23

24

25

26

27

28

29

30

31

APRIL

1

2

3

4

5

6

7

8

9

10

11

12

13

14

15

16

17

18

19

20

21

22

23

24

25

26

27

28

29

30

MAY

1

2

3

4

5

6

7

8

9

10

11

12

13

14

15

16

17

18

19

20

21

22

23

24

25

26

27

28

29

30

31

JUNE

1

2

3

4

5

6

7

8

9

10

11

12

13

14

15

16

17

18

19

20

21

22

23

24

25

26

27

28

29

30

JULY

1

2

3

4

5

6

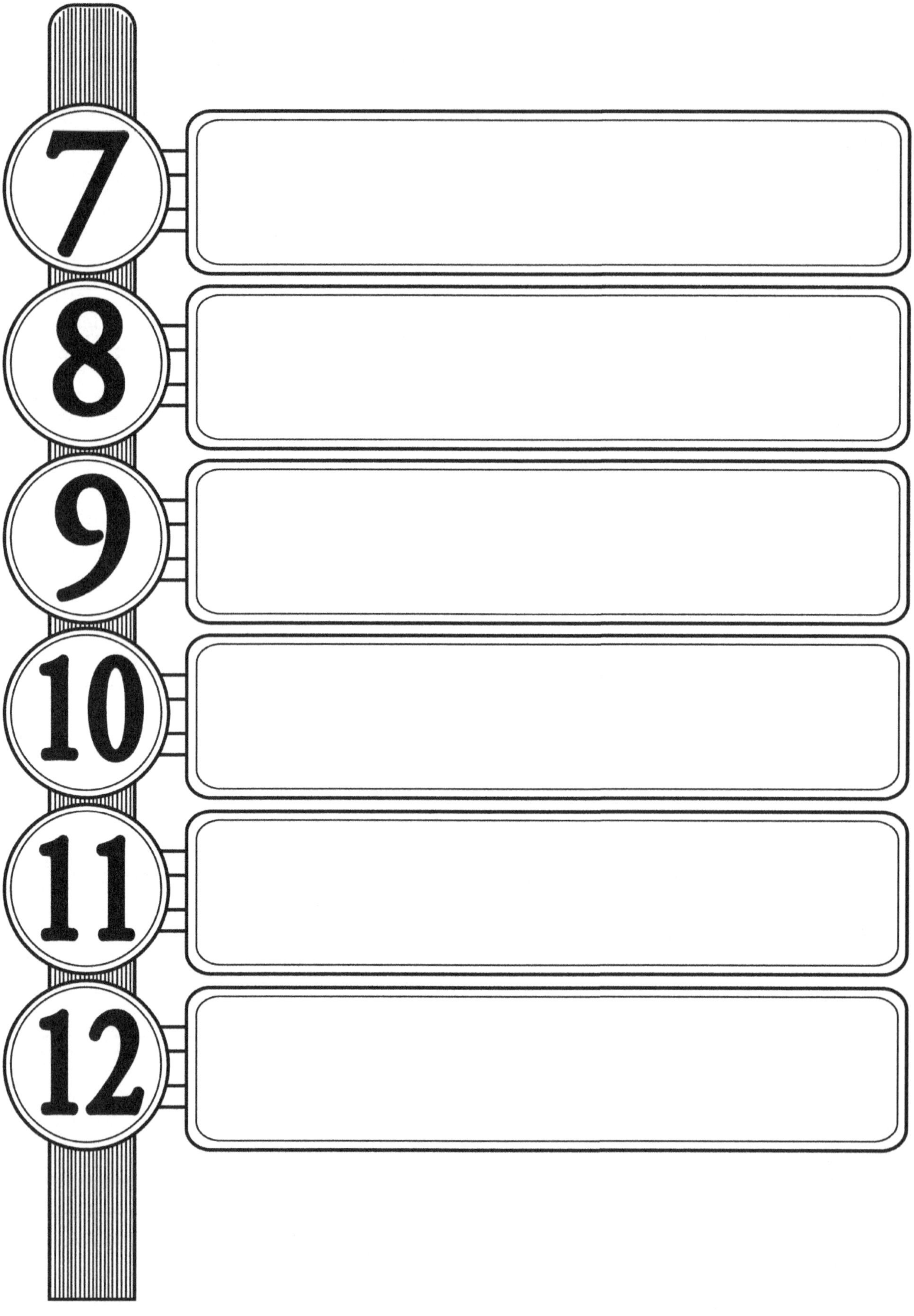
7
8
9
10
11
12

13

14

15

16

17

18

19

20

21

22

23

24

25

26

27

28

29

30

31

AUGUST

1

2

3

4

5

6

7

8

9

10

11

12

13

14

15

16

17

18

19

20

21

22

23

24

25

26

27

28

29

30

31

SEPTEMBER

1

2

3

4

5

6

7

8

9

10

11

12

13

14

15

16

17

18

19

20

21

22

23

24

25

26

27

28

29

30

OCTOBER

1

2

3

4

5

6

7

8

9

10

11

12

13

14

15

16

17

18

19

20

21

22

23

24

25

26

27

28

29

30

31

NOVEMBER

1

2

3

4

5

6

7

8

9

10

11

12

13

14

15

16

17

18

19

20

21

22

23

24

25

26

27

28

29

30

DECEMBER

1

2

3

4

5

6

7

8

9

10

11

12

13

14

15

16

17

18

19

20

21

22

23

24

25

26

27

28

29

30

31

GIFT RECORDS

Name	Address	Received?	Sent?
		☐	☐
		☐	☐
		☐	☐
		☐	☐
		☐	☐
		☐	☐
		☐	☐
		☐	☐
		☐	☐
		☐	☐
		☐	☐

GIFT RECORDS

Name	Address	Received?	Sent?
		☐	☐
		☐	☐
		☐	☐
		☐	☐
		☐	☐
		☐	☐
		☐	☐
		☐	☐
		☐	☐
		☐	☐
		☐	☐

GIFT RECORDS

Name	Address	Received?	Sent?
		☐	☐
		☐	☐
		☐	☐
		☐	☐
		☐	☐
		☐	☐
		☐	☐
		☐	☐
		☐	☐
		☐	☐
		☐	☐

GIFT RECORDS

Name	Address	Received?	Sent?
		☐	☐
		☐	☐
		☐	☐
		☐	☐
		☐	☐
		☐	☐
		☐	☐
		☐	☐
		☐	☐
		☐	☐
		☐	☐

GIFT RECORDS

Name	Address	Received?	Sent?
		☐	☐
		☐	☐
		☐	☐
		☐	☐
		☐	☐
		☐	☐
		☐	☐
		☐	☐
		☐	☐
		☐	☐
		☐	☐

GIFT RECORDS

Name	Address	Received?	Sent?
		☐	☐
		☐	☐
		☐	☐
		☐	☐
		☐	☐
		☐	☐
		☐	☐
		☐	☐
		☐	☐
		☐	☐
		☐	☐

GIFT RECORDS

Name	Address	Received?	Sent?

GIFT RECORDS

Name	Address	Received?	Sent?
		☐	☐
		☐	☐
		☐	☐
		☐	☐
		☐	☐
		☐	☐
		☐	☐
		☐	☐
		☐	☐
		☐	☐
		☐	☐

GIFT RECORDS

Name	Address	Received?	Sent?
		☐	☐
		☐	☐
		☐	☐
		☐	☐
		☐	☐
		☐	☐
		☐	☐
		☐	☐
		☐	☐
		☐	☐
		☐	☐

GIFT RECORDS

Name	Address	Received?	Sent?
		☐	☐
		☐	☐
		☐	☐
		☐	☐
		☐	☐
		☐	☐
		☐	☐
		☐	☐
		☐	☐
		☐	☐
		☐	☐

Made in the USA
Monee, IL
21 January 2021

58330418R00044